suhrkamp taschenbuch 1097

Peter Huchel, am 3. 4. 1903 in Berlin-Lichterfelde geboren, konnte im Jahr 1971, nach wiederholten ergebnislosen Anträgen auf Aussiedlung, aus der DDR ausreisen. Bis zu seinem Tode am 30. 4. 1981 lebte Peter Huchel in Staufen/Breisgau.

Gezählte Tage enthält Gedichte, die Huchel seit 1963 zur Veröffentlichung vorbereitet hatte. Es war der erste Gedichtband, der nach seiner Übersiedlung in die Bundesrepublik Deutschland erschien. Die Gedichte sind die konsequente Fortsetzung einer frühen Entscheidung, am Rande einer Gesellschaft vermerkt, um der Wirklichkeit Herr zu werden.

Peter Huchel
Gezählte Tage

Gedichte

Suhrkamp

Umschlagfoto: Lutfi Özkök

suhrkamp taschenbuch 1097
Erste Auflage 1985

Druck: Nomos Verlagsgesellschaft, Baden-Baden
Printed in Germany
Umschlag nach Entwürfen von
Willy Fleckhaus und Rolf Staudt

1 2 3 4 5 6 – 90 89 88 87 86 85

I

Ophelia

Später, am Morgen,
gegen die weiße Dämmerung hin,
das Waten von Stiefeln
im seichten Gewässer,
das Stoßen von Stangen,
ein rauhes Kommando,
sie heben die schlammige
Stacheldrahtreuse.

Kein Königreich,
Ophelia,
wo ein Schrei
das Wasser höhlt,
ein Zauber
die Kugel
am Weidenblatt zersplittern läßt.

Antwort

Zwischen zwei Nächten
der kurze Tag.
Es bleibt das Gehöft.
Und eine Falle, die uns
im Dickicht der Jäger stellt.

Die Mittagsöde.
Noch wärmt sie den Stein.
Gezirp im Wind,
das Schwirren einer Gitarre
den Hang hinab.

Die Lunte
aus welkem Laub
glimmt an der Mauer.
Salzweiße Luft.
Pfeilspitzen des Herbstes,
Kranichzüge.

Im hellen Geäst
verhallt der Stundenschlag.
Spinnen legen
aufs Räderwerk
die Schleier toter Bräute.

Unterm Sternbild des Hercules

Eine Ortschaft,
nicht größer
als der Kreis,
den abends am Himmel
der Bussard zieht.

Eine Mauer,
rauh behauen, brandig
von rötlichem Moos.
Ein Glockenton,
der über schimmernde Wasser
den Rauch
der Oliven trägt.
Feuer,
von Halmen genährt
und nassem Laub,
durchweht von Stimmen,
die du nicht kennst.

Schon in die Nacht gebeugt,
ins eisige Geschirr,
schleppt Hercules
die Kettenegge der Sterne
den nördlichen Himmel hinauf.

Ankunft

Männer mit weißen
zerfetzten Schärpen
reiten am Rand des Himmels
den Scheunen zu,
Einkehr suchend
für eine Nacht,
wo die Sibyllen
wohnen im Staub der Sensen.

Grünfüßig
hängt das Teichhuhn
am Pfahl.
Wer wird es rupfen?
Wer zündet im blakenden Nebel
das Feuer an?
Weh der verlorenen
Krone von Ephraim,
der welken Blume
am Messerbalken der Mähmaschine,
der Nacht
auf kalter Tenne.

Ein Huf
schlägt noch die Stunde an.
Und gegen Morgen
am Himmel ein Krähengeschrei.

Exil

Am Abend nahen die Freunde,
die Schatten der Hügel.
Sie treten langsam über die Schwelle,
verdunkeln das Salz,
verdunkeln das Brot
und führen Gespräche mit meinem Schweigen.

Draußen im Ahorn
regt sich der Wind:
Meine Schwester, das Regenwasser
in kalkiger Mulde,
gefangen
blickt sie den Wolken nach.

Geh mit dem Wind,
sagen die Schatten.
Der Sommer legt dir
die eiserne Sichel aufs Herz.
Geh fort, bevor im Ahornblatt
das Stigma des Herbstes brennt.

Sei getreu, sagt der Stein.
Die dämmernde Frühe
hebt an, wo Licht und Laub
ineinander wohnen
und das Gesicht
in einer Flamme vergeht.

DIE GAUKLER SIND FORT. Sie gingen
lautlos dem weißen Wasser nach.
Der Fähnrich und das Mädchen,
der bucklige Händler mit Ketten und Ringen,
sie alle sind fort.
Es blieb der Hügel,
wo sie sich trafen,
die Eiche, mächtig gegabelt,
in grüner Wipfelwildnis.

Mittags,
unter der Wärme des Steins,
hörst du Orgelklänge,
und eine Maske, maulbeerfarben,
weht durchs Gebüsch.

Die Eiche, mächtig gegabelt,
die den Donner barg –
in morscher Kammer des Baums
schlafen die Fledermäuse,
drachenhäutig.
Die hochberühmten Gaukler sind fort.

Die Viper

Schöne Viper,
die Elster flog durch deinen Schlaf
und stahl dir das Gold aus den Augenwinkeln.

Starren Hauptes,
auf schartigem Schädel,
wo Olegs Pferd
in Fäulnis brennt,
erwartest du die Nacht.

Sie kommt aus dichtem Birkengehölz,
bernsteinäugig,
die Freundin der Fledermäuse.
Sie füllt mit bitterer Milch
die Löwenzahnröhre.

An der Lachswasserbucht

Für Jean Améry

Dies ist dein Rastplatz,
alter Mann,
ein Ahorngerippe.

Noch wärmt die Sonne
deine Hand, noch spürst du
den Flossenschlag des Himmels
im wäßrigen Nebel
der Lachswasserbucht.

Die Stille trat
in den Schatten der Felsen
und blieb verborgen.
Kein Ruderstoß, kein Knirschen der Boote
im mehligen Licht der Dämmerung.

Und keiner kommt,
die Rute geschultert,
und watet
im grauen Kiesbett des Stroms
die Schlucht hinauf.
Es blickt dich
der Wald mit den Augen
des Marders an.

Pensione Cigolini

Im Fenstviereck
das stäubende Meer,
in sinkender Sonne
die Farben mischend,
die uns erinnern
an ein Gespräch
im Wechsel
von Wind und Wolken,
bis uns das Salz
die Lippen verschloß.

Im Fenstviereck
die spät geschnittene
Rose im Glas
wie eine Wunde in der Luft.
Wer stieß den Speer?
Mit leeren Booten
fährt der Abend aus.

Venedig im Regen

Noch im Nebel
leuchtet das Gold des Löwen,
das steinerne Laubwerk tropft.
Namen, meergeboren,
wer schrieb sie ins salzige Licht?
Keiner nennt
die große Geduld
der Pfähle.

Auf die Fähre
wartend im Regen,
der Poren
ins Wasser schlägt,
blick ich hinüber
zu den rostigen Schiffen
der Giudecca.

Die Seekarten schweigen.
Es schweigt
die Muschel
am Nacken des Steins.

Mittag in Succhivo

Für Gottfried Bermann Fischer

Es ist Mittag.
Und wieder die Stimme
hinter dem Felsen:
Nicht stoße der Fuß
an den dünnen Schatten
der Distel.

Es ist Mittag
die Gärten hinab –
er heftet helle Fäden
ins staubige Grau der Oliven.
Er wird die Drossel
nicht fangen.

Es ist Mittag.
Er stellt den gelben Krug an die Mauer
und speichert die Hitze
auf flachen Dächern,
als schnitten die Antennen
durch Wasserglanz.

Die Küstenstraße. Härter
hebt sich das Licht in die Stunde.
Das felsige Riff,
das Haupt der Öde.
Es ist Mittag.
Die Meeresstille der Gedanken.

Subiaco

Stadt,
verschwistert
der heiteren Klarheit der Berge,
am Rand der Felsen der Klosterhimmel.
Unter den schrundigen Stämmen
der Maulbeerbäume im Hof
der harte Glanz einer Schaufel,
er will die Toten ausgraben.

An der weißen Mauer
schreitet der Mönch die Treppe hinauf,
Schweiß sickert durch seine Augenbrauen.

Alles verblaßt in Licht und Hitze,
der grobe Ocker der Wände,
das spröde zerbrechliche Moos auf den Steinen,
das spärliche Grün am Fluß.
Der Glöckner geht in zerrissenen Leinenschuhen
bald wird der Mittag hallen.

Die Ziege stößt
mit den Hörnern die Sonne fort
und sucht den dünnen Schatten.
Die Schüssel des Pilatus ist ohne Wasser,
er kann seine Hände nicht waschen.

II

Gezählte Tage

Gezählte Tage, Stimmen, Stimmen,
vorausgesandt durch Sonne und Wind
und im Gefolge rasselnder Blätter,
noch ehe der Fluß
den Nebel speichert im Schilf.

Vergiß die Stadt,
wo unter den Hibiskusbäumen
das Maultier morgens gesattelt wird,
der Gurt gezogen, die Tasche gepackt,
die Frauen stehn am Küchenfeuer,
wenn noch die Brunnen im Regen schlafen.
Vergiß den Weg,
betäubt vom Duft des Pfeifenstrauchs,
die schmale Tür,
wo unter der Matte der Schlüssel liegt.

Zwei Schatten,
Rücken an Rücken,
zwei Männer warten im frostigen Gras.
Stunde,
die nicht mehr deine Stunde ist,
Stimmen,
vorausgesandt durch Nebel und Wind.

Nachlässe

Nachlässe,
ungeordnet,
auf Böden verstaubt,
die Erben sind tot.
Und finstere Himmel,
grau unterkellert
von Wänden aus Nebel.
Die Kälte atmet
in hallenden Gängen.

Später,
im Sommer
über den Stoppeln
die Spindeln aus Licht.
Sie wickeln
das rissige Garn
galizischer Dörfer.
Doch niemand kommt,
den Mantel zu weben.

Durchbrüche,
verschüttet,
von Keller zu Keller,
das letzte Verlies
zwei Kannen in Warschau,
vergraben

in Erde und Feuer.
Es geht durch Wolken
stürzender Asche
die Stimme hinab,
die Erben zu rufen.

Hahnenkämme

Eines Abends, nach dem Markt,
bot mir eine Alte
zwei junge Hähne an.
Gebündelt,
die Füße gefesselt,
den Kopf nach unten,
hingen sie
schlaff
an erdiger Hand.
Ich ging vorüber.

Hinter den Pfählen
an der Bucht
sah ich im Widerschein der sinkenden Sonne
die Hahnenkämme gezackter Felsen
im Wasser leuchten.

Die Wasseramsel

Könnte ich stürzen
heller hinab
ins fließende Dunkel

um mir ein Wort zu fischen,

wie diese Wasseramsel
durch Erlenzweige,
die ihre Nahrung

vom steinigen Grund des Flusses holt.

Goldwäscher, Fischer,
stellt eure Geräte fort.
Der scheue Vogel

will seine Arbeit lautlos verrichten.

Ölbaum und Weide

Im schroffen Anstieg brüchiger Terrassen
dort oben der Ölbaum,
am Mauerrand
der Geist der Steine,
noch immer
die leichte Brandung
von grauem Silber in der Luft,
wenn Wind die blasse Unterseite
des Laubs nach oben kehrt.

Der Abend wirft sein Fangnetz ins Gezweig.
Die Urne aus Licht
versinkt im Meer.
Es ankern Schatten in der Bucht.

Sie kommen wieder, verschwimmend im Nebel,
durchtränkt
vom Schilfdunst märkischer Wiesen,
die wendischen Weidenmütter,
die warzigen Alten
mit klaffender Brust,
am Rand der Teiche,
der dunkeläugig verschlossenen Wasser,
die Füße in die Erde grabend,
die mein Gedächtnis ist.

Die Töpferinsel

Hinter uns der eisige Vogel
mit weißen Schwingen,
den Schneewind,
das nasse Segel
aufs Wasser drückend.

Die Töpferinsel,
der unergründliche Fels,
wo tote Tage in den Kammern
zerbrochener Öfen brennen.
Die Lasur der Schmerzen
schimmert in großer Kälte.

Mit dem Druck der Hand
gaben sie dem feuchten Ton
auf kreisender Scheibe
die Wölbung
der Urnen und Amphoren.

Später rieben sie Farben,
Kienruß, Ocker und Kreide,
brannten den Vasen
gemalte Zeichen ein.
Sie fuhren aus, um Handel
an den Küsten zu treiben.

Ein spitzer Rattenschädel
liegt zwischen Scherben
und schwarzer Spreu.
Im Bottich Asche,
splittrige Knochen.
Wir segeln vorbei.

Die Armut des Heiligen

Wer du auch seist,
geheiligtes Gebein,
bleckender Kiefer,
unter den Rippenbogen,
mit Golddraht umwickelt,
brannte ein Herz.

Wenn der Frost
die Steine hebt,
spricht das Gnadenlose
das Lob der Schöpfung.

Auf den Tod von V. W.

Sie vergaß die Asche
auf den gekrümmten Tasten des Klaviers,
das flackernde Licht in den Fenstern.

Mit einem Teich begann es,
dann kam der steinige Weg,
der umgitterte Brunnen, von Beifuß bewachsen,
die löchrige Tränke unter der Ulme,
wo einst die Pferde standen.

Dann kam die Nacht,
die wie ein fallendes Wasser war.
Manchmal, für Stunden,
ein Vogelgeist,
halb Bussard, halb Schwan,
hart über dem Schilf,
aus dem ein Schneesturm heult.

Achtwegewinkel

Achtwegewinkel,
zartknochig liegt die Amsel
im Sand,
die Krallen in die Luft gespreizt.
Aus grauem Nebel rinnt
der Schnee
ins brüchige Röhricht
des Tümpels.

Wer hat die Finsternis angesiedelt?
Wer hat das Schweigen vermauert mit Steinen,
den Kalk mit Galle gemischt?

Achtwegewinkel,
es steht geschrieben,
versiegelt
mit dem Brandmal des Widders:
Die beuligen Stämme
der Weiden werden sich krümmen
und Asche sein, wenn einst
auf schartigen Füßen
die Boten im Feuer
verlassen die Stadt.

M. V.

Er ging fort,
das Zimmer ist leer,
der Ofen kalt,
die Flaschen recken die Hälse.
Er ließ nichts zurück
als eine Fußspur im Sand,
vom Eis des Winters ausgegossen.

Der Sturm der Chaussee
begrub ihn nachts.
Hinsinkend
ins starre Schneegesträuch,
fand er den Schlüssel,
der ihm die Türen öffnet.

Vor Nîmes 1452

I

Oktober, November,
die Lungen des Herbstes
atmen die Nebel aus.
Im düsteren Licht
das flüchtende Grau der Rehe.

Steck deine Klinge ein,
ruchloser Gast,
setz dich ans Feuer,
misch deine Karten.

Kreuz-As, gezinkt
mit einer Spur
verharschten Bluts.
Im düsteren Licht
das flüchtende Grau der Rehe.

II

Ich rief hinauf:
Laudetur, Jesu-Christ,
und hob die frostverbrannte Faust.

Der Müller starrte aus der Luke,
er sah den Mond,
den grauen Mahlstein.

Leer rasselt
die Ginsterschote
im Mahlgang der Sterne.

Dezemberrissiges Eichenlaub,
kümmerndes Birkengestrüpp,
Zunder genug, ein Feuer zu machen.

Leicht ist bei frischem Schnee
am Hühnerstall
die schnurgrade Spur
des Fuchses zu finden.

III

Unglück,
mein Bruder
in schneeloser Kälte.

Über dem Wald
neun schwarze Punkte
im blassen Fleisch des Winterhimmels.

Sind es die Jahre,
dir zugemessen?

Sind es die Krähen,
die langsam näher kommen,
dich zu zerfleischen?

III

Winter

Das kalte Eisen des Dezembers
hallt am Pfahl,
mit harter Faust
vom Wind geschlagen.
Die Fähre eingefroren.
Fischkästen, bereift,
von Möwen bevölkert.

Am blätterdunstigen Feuer,
die Pelzmütze
tief über die Ohren gezogen,
hocken fremde Soldaten.

In dünnen zerfransten Mänteln
Gefangene
um eine Eiche geschart.
Sie blicken zum Fluß.
Zwei Frauen
in schneeverkrusteten Schaffelljacken
gehen nach Norden
über das Eis.

Die Niederlage

1

In der Kälte des Nordwinds
lag ich auf Jutesäcken
unter der Laderampe des Güterbahnhofs.
Der Wechsel von Schüssen und dichter Stille.
An der Wand
wie immer am Abend
das Gewebe aus Licht und Dämmerung.
Zwischen den Gleisen
rupfte ein Rind mit rauher Zunge
das rostig braune Gras.

II

Überquerend die Schienen,
war ich in dünner Sonne
nicht mehr als der frierende Schatten,
der vor mir ging.
Auf der Brache
erdige Klumpen,
Tote in harschigen Mänteln.
In Fußlappen einer,
er starrte
durch blutverkrustete Finger
das Eisengerippe der Schranke an.

III

Am Eingang des Dorfs warf der Wind
eine geballte Ladung Frost
gegen die Mauer.
Der Mond legte fasrige Gaze
über die Wunden der Dächer.

Langsam sank die Leere der Nacht
und füllte sich mit Hundegeheul.
Es sank die Niederlage
auf die gefrorenen Adern des Landes
und auf die ledergepolsterten Sitze
des alten Kremsers in der Remise,
wo zwischen Pferdegeschirr und grauem Heu
die Kinder schliefen.
Sie sank auf die blaugefleckte Haut der Toten,
die Steine und Bäume umarmten.

Der Schlammfang

Eines Abends kamen
aus einem Loch im Asphalt
Männer mit Masken.
Sie rochen nach seifigem Schlamm,
im Netzwerk trug einer
tote Fische
und grüne Wasserratten.
Abwässer liefen von ihren Stiefeln.
Niemand wollte sie sehen
in der Stadt,
jeder schloß die Tür.
Sie zogen über den Markt und schwanden
im Gebüsch verkohlter Schrebergärten.
Eine schillernde Muschel
hing einem im Haar.
Noch lange glomm sie
im öligen Spiegel der Straße.

Middleham Castle

Vertraut mit den Gewohnheiten großer Wälder,
das Jahr streift in den Farben des Eichelhähers
die schmerzliche Helle erstarrter Äste,
das Winterhaar des Hirsches klebt an der Rinde,
die Kälber stehen abends dicht gedrängt,
sich wärmend an der Wolke des eigenen Atems,
zieh ich mit Stricken und Pferden die Stämme
den Ginsterhügel hinauf nach Middleham Castle.

Dies will ich bezeugen, beim Herdfeuer hier.
Im Mond sah ich den hinkenden Schatten
des Königs, Gloster ging um, in Rot gekleidet,
den schmutzigen Zobel über dem Buckel,
das kurze Schwert am Gürtel. Er kroch
durch mächtige Wurzeln der Eiche in die Erde.
Dort lag ein Klumpen geronnenen Bluts,
aus dem er Ketten und Ringe zerrte.

In Nächten langer Helle
steht er im brüchigen Schatten
des Faulbaums an der Mauer,
die weißen Schwalben
nisten in seinem Zimmer.

Er stieg aus seiner Grube,
gräserstill,

die Wolfsmilch ätzte seine Spur.
Hornissen schwärmten,
der Überfall von Blüten
konnt ihn nicht ersticken.

Wurmstichig ist sein Fuß.
Die Steine schleifend,
geht Gloster zu den Ställen.
Die Doggen senken ihren Kopf
dem Peitschenhieb entgegen.

Knechte sind wir
und fürchten sein Messer,
liegt auch sein Schädel,
von vielen Wintern kahlgepickt,
tief in der Erde.

Macbeth

Mit Hexen redete ich,
in welcher Sprache,
ich weiß es nicht mehr.

Aufgesprengt
die Tore des Himmels,
freigelassen der Geist,
in Windwirbeln
das Gelichter der Heide.

Am Meer
die schmutzigen Zehen des Schnees,
hier wartet einer
mit Händen ohne Haut.
Ich wollt, meine Mutter
hätt mich erstickt.

Aus den Ställen des Winds
wird er kommen,
wo die alten Frauen
das Futter häckseln.

Argwohn mein Helm,
ich häng ihn
ins Gebälk der Nacht.

Alter Kupferstich

Der dünne Staub
im Uhrengehäuse
meldet die Ankunft des Todes.

Noch geht der Perpendikel,
er schwingt den Bruchteil eines Kreises.
Der Tod verlangt den ganzen Kreis.

Ein Fräulein am Fenster
im Gewitterwind.
Fünf Rosenblätter wehn durchs Zimmer.

Der Blitz gibt einer Sekunde Macht.
Die hetzenden Pferde,
der schwarzen Kutsche vorgespannt,
sind schneller.

Die Nüstern
brennen im Spiegel.
Oder sind es die Kerzen,
die außerhalb des Rahmens
in hohen Leuchtern stehn?

Odysseus und die Circe

Mit einem Topf,
von Feuer berußt,
das reine Wasser aus dem Bach
zu schöpfen,
ist eine Kunst.
Nimm doch den Helm ab,
Odysseus.

So höhnte die Stimme
der Circe in heißer Luft.
Ich nahm den Helm ab,
da war kein Wasser.

Ich lag in der Hitze
verbrannten Grases,
den Gaumen trocken,
die Haut riß
über den Backenknochen.

Am Mittag,
bei heller Stirn der Berge,
die enge Schlucht. Ich stieg hinab,
den Felsenschutt im Nacken,
Steine fielen
an meinem Kopf vorbei.

Ausgesetzt der hallenden Öde,
hörte ich die Mittagsstimme:

Wenn du im Herzen
die Wahrheit bewegst,
die Lüge bewegst,
die List,
erschlagen dich die Steine.

Eingeklemmt
in narbigen Fels,
mit nassem Rücken,
die Knöchel zerschunden,
schmeckte ich die grillige Stimme
und sah im Dunst des Steinschlags
die Augen einer Quelle.

Undine

Mit dem Jahr wächst das Schilf
und die bräunlichen Kolben
brechen wollig auf.

Der Fischer, der morgens
durchs Wasser watet,
schiebt den teerigen Kahn
an meiner Schulter vorbei.

Eine Legende bin ich,
ein Wasser grau bewegt,
in dem die Reusen
und Blätter schwimmen.

In Wurzelkörben
unterwaschener Weiden
schwankt mit dem Laich
der Fische mein Schmuck,
vom Maul der Hechte bewacht.

Wenn die Libellen
im Sommer das Licht vergittern,
das unbewegliche Licht
von Rohr und Wasser,
lieg ich im Kerker des Sees.

Die Rohrdommel steht,
ein Weidenpfahl,
im sickernden Grün der Algen.
Und hinter Nebelwolken der Mond,
eine graue Hornissenwabe.

Am Jordan

Söhne,
hebt mich auf,
hebt mich ins große Vergessen,
in den Rauch, der nichts verdunkelt,
in die flammende Akazie,
niederstürzend über dem Wind,
in den Steppenhimmel
wandernder Schafe.

An diesem Morgen
bewundern meine eitrigen Augen,
die Hagar sahen,
den fließenden Schimmer
des Jordans
auf bleibenden Weidenblättern.

Alt-Seidenberg

Vieh hütend
zu Füßen der großen Späherin,
der Landschaft mit Krähe und Pappel,
sah er über der Stadt
die glasige Kugel des Äthers,
er hörte Stimmen in den Lüften,
Posaunenstöße, hell und schneidend,
Geräusche hinter den Uferweiden,
das Waschen und Scheren der Schafe.

Am Mittag
fand er im Hügel eine Höhle
von Wurzeln starrend,
im Winkelmaß der Schatten
stak eine Bütte Gold.
Er wich zurück und schlug
das spukabwehrende Zeichen,
Reiter
auf Pferden mit fleischigen Mähnen
ritten an Gruben
voll Haar und Blut vorbei.

Anderen Tages
war es wie immer,
verschlossen die Erde,
mit Feldspat versiegelt.
Nur eine Hummel summte dort,
vom Wind ins dürre Gras gedrückt.

Das Feuer,
das in der Einöde brannte,
stieg in die Höhe,
das Wasser strömte der Tiefe zu.
Die Spuren der Herde führten zur Tränke.
Der Hügel trug den Himmel
auf steinigem Nacken.

IV

Die Nachbarn

Für Hermann Kesten

Die Ruhe des Stroms,
das Feuer der Erde,
die leere Finsternis des Himmels
sind meine gefährlichen Nachbarn.

Der Reiher kann sich von vielen Seen
das seichte schilfige Wasser wählen,
wo er mit jähem Stoß
die Beute greift und tötet.

Nicht kann das Wasser
den Reiher wählen.
Geduldig trägt es die Furcht der Fische,
den heiseren Schrei des hungrigen Vogels.

Wasser und Reiher,
beide sind Nachbarn
von hohen Erlen,
von Rohr und Fröschen.

Geknetet in Gleichmut,
essen die Menschen, meine Nachbarn,
täglich ihr Brot.
Keiner will Asche sein.

Keinem gelingt es,
die Münze zu prägen,
die noch gilt
in eisiger Nacht.

Keine Antwort

Aufs schwimmende Nebelhaupt
der Eiche
setzt sich die Krähe.
Der Katzenbalken ist leer.

Schatten von dürrem
Weingerank
an der Zimmerdecke.
Zeichen,
von eines Mandarinen Hand
geschrieben.

Das Alphabet,
das du besitzt,
reicht nicht aus,
Antwort zu geben
der wehrlosen Schrift.

Auf der Strasse nach Viznar

Die Nacht erlosch
in öliger Blindheit des Lampenglases,
der dünne Faden blakenden Rauchs
sank auf den Docht zurück.
Wir spähten ins Zwielicht.

Sie sprangen vom Wagen
und trieben die Gefesselten
ins schläfernde Grau,
das später heller wurde über den Gewehren.

Sie töten
in der klaren Frühe des Taus.

November
schläft in der Öde
gerodeten Bodens,
sumpfiges Licht und
Fäulnis eines Rohrgewässers,
in dem die Sichel nicht mehr blinkt.

Kein Himmel
reißt in Feuern auf,
wo die Gefangenen liegen
am Wasser Chebar.

Die Esel tragen
den Nebel in die Stadt.
Die Pinien
säen Finsternis.

Schnee

Dem Gedächtnis
Hans Henny Jahnns

Der Schnee treibt,
das große Schleppnetz des Himmels,
es wird die Toten nicht fangen.

Der Schnee wechselt
sein Lager.
Er stäubt von Ast zu Ast.

Die blauen Schatten
der Füchse lauern
im Hinterhalt. Sie wittern

die weiße
Kehle der Einsamkeit.

Die Engel

Ein Rauch,
ein Schatten steht auf,
geht durch das Zimmer,
wo eine Greisin,
den Gänseflügel
in schwacher Hand,
den Sims des Ofens fegt.
Ein Feuer brennt.
Gedenke meiner,
flüstert der Staub.

Novembernebel, Regen, Regen
und Katzenschlaf.
Der Himmel schwarz
und schlammig über dem Fluß.
Aus klaffender Leere fließt die Zeit,
fließt über die Flossen
und Kiemen der Fische
und über die eisigen Augen
der Engel,
die niederfahren hinter der dünnen Dämmerung,
mit rußigen Schwingen zu den Töchtern Kains.

Ein Rauch,
ein Schatten steht auf,
geht durch das Zimmer.
Ein Feuer brennt.
Gedenke meiner,
flüstert der Staub.

Aristeas

Die erste Frühe,
als im Gewölk das Gold
der Toten lag. Es schlief der Wind,
wo im Geäst
die nebelgefiederte Krähe saß.

Der Vogel flog,
sein Fittich schlug das Licht
im Erlengrau,
die milchige Haut der Steppe.

Ich, Aristeas,
als Krähe einem Gott gefolgt,
ich schweife,
vom Traum gerissen,
durch Lorbeerhaine des Nebels,
mit starrem Flügel den Morgen suchend.
Ich spähte
in schneeverkrustete Höhlen,
Gesichter, einäugig, feuerbeschienen,
versanken im Rauch.
Und Pferde standen, vereist die Mähnen,
an Pflöcke gefesselt mit Riemen aus Ruß.

Die Krähe strich
ins winterliche Tor,

strich durch verhungertes Gesträuch.
Frost stäubte auf.
Und eine dürre Zunge sprach:
Hier ist das Vergangene ohne Schmerz.

Delphine

Meerwärts spähend
bei weißer Sonne
ich seh sie springen
aus der salzigen
Schwere des Wassers –
Delphine,

meine heimlichen Brüder,
tragen die Botschaft
nach Byzanz.

Es knistert die Luft,
als flöge feuriges Stroh
durch Tamariskenbüsche.

Hier will ich bleiben
und zählen am Hang,
wolfgraue Schlucht,
die schmalen hohen
Steine,
schartig vom Grillengewetz,
die Steine der Toten,
von Mittagshimmeln geschwärzt.

Der Kundschafter

Wir lagen in Kratern,
in brandigen Löchern
des Sündenfalls.
Die magere Füchsin
wärmte den Teich aus Geröll.

Aufrecht,
auf dem Schatten eines Baums,
setzte er über den Strom,
das Land verlassend, die grobe Öde,
wo Frost die Steine sprengt
mit blankem Keil.

Wir sahen ihn treiben
unter schneelosem Himmel
in die Dämmerung hinein,
bis eine Nebelwand
ihn zögernd aufnahm,
eine Höhle, bewohnbar.

Abschied von den Hirten

Nun da du gehst
vergiß die felsenkühle Nacht,
vergiß die Hirten,
sie bogen dem Widder den Hals zurück
und eine graubehaarte Hand
stieß ihm das Messer in die Kehle.

Im Nebelgewoge
schwimmt wieder das Licht
der ersten Schöpfung. Und unter der Tanne
der nicht zu Ende
geschlagene Kreis aus Nadeln und Nässe.
Dies ist dein Zeichen. Vergiß die Hirten.

Jeden Abend,
wenn im Steinbruch das letzte Signal
wie eine Klage verweht,
geh ich unter der weiten Bläue des Oktoberhimmels
über die Wiesen zum Fluß hinunter
am Neubau vorbei.

Ein mürrischer Mann,
gestützt auf seine Kohlenforke,
starrt in die zuckende Glut des Koks,
die hinter den Rippen der Eisenkörbe
gefangen lebt.
Er bewacht das Feuer.
Die Wasserratte, raschelnd im Schilf,
bewacht die sinkende Dämmerung.

Die Kreatur

Das Brennglas dünnen Eises,
das morgens im Eimer schwimmt,
zeigt den Stand der Sonne an.

Ein Mann in abgeschabter Jacke
zieht auf dem Hof
im müden Kreis
die Maultierstute hinter sich her,
das Fell vom Kummet wundgestoßen.

Sie lahmt, als läge
ein Stein unter dem lockeren Eisen
des linken Hinterhufs.
Es näßt der Fesselbehang.

Mit einem Strohwisch
die Flanke des Tieres reibend,
starrt er mit schweißig leerem
Gesicht die Berge an.
Er sieht den Hafer in der Kiste,
dumpf und schimmlig,
von Pilzen befallen.
Er sieht die Stute mit schlechtem Gebiß,
die Hungergrube in den Wolken.

An der rußigen Mauer
der Abdeckerei
neigt sich die Sonne zur Unterwelt.

Unter der blanken Hacke des Monds
werde ich sterben,
ohne das Alphabet der Blitze
gelernt zu haben.

Im Wasserzeichen der Nacht
die Kindheit der Mythen,
nicht zu entziffern.

Unwissend
stürz ich hinab,
zu den Knochen der Füchse geworfen.

V

Für Heinrich Böll

GEHÖLZ,
habichtsgrau,
das Grillenlicht der Mittagsdürre,
dahinter das Haus,
gebaut auf eine Wasserader.

Wasser,
verborgen,
in sandiger Öde,
du strömtest in den Durst der Sprache,
du zogst die Blitze an.

Am Eingang der Erde,
sagt eine Stimme, wo Steine
und Wurzeln die Tür verriegeln,
sind die zerwühlten Knochen Hiobs
zu Sand geworden, dort steht noch
sein Napf voll Regenwasser.

Im Gouvernement W.

Keine Nachricht.
Mit blanken Zangen kappt
der Frost den Draht der Telegrafenmasten.
Schneepflüge, Eisenflossen räumen
die Kälte nicht fort.

Taubstumme Boten
besuchen dich nachts.
Sie treten über die Schwelle,
das Stroh von den Stiefeln schleudernd,
noch warm
vom angeheizten Ziegelstein
im Schlittenkasten.

Sie lachen lautlos
und stechen mit eisernen Griffeln
die Namen der Opfer
in die Schläfe der Luft.

Alkaios

Die Spur verlischt. Es richtet
sich auf das Gras
wie eine Wahrheit. Während du gehst,
koppelt der ummauerte Hof
die Hunde los. Hier ist der Weg,
von Winterwassern
ins Gestrüpp gehauen.

Und unten, zwischen den Felsenzähnen,
die Mühsal des Meeres, die Brandung,
zerbrochene Ruder, das Nichts
auf den Strand zu schleudern.

Sie haben
mit eisernen Pfählen
die Grenze gesetzt. Noch wehrt
sich der Tag mit seinen Disteln
gegen den eisigen
Anschlag der Nacht.

Die Reise

Für Marie Luise Kaschnitz

Eines Abends
im späten November flacher Seen
trat aus dem Regengeräusch ein Mann.
Wir nahmen den Pfad durchs hohe Rohr.
Es wehte kühl an meine Schläfen,
als ging ich
zwischen den Mähnen zweier Pferde.
Sie trugen
in Säcken aus Nebel
mein Gepäck,
das leichter war als der Nachtwind
über dem Schilf.

Nicht der Fährtenkundige,
der noch im Geröll
das Wasser und die Taube findet,
der Schwache
mit schwärender Schulter führte mich,
wo an den Pfählen
der weiße Rauch
ins Dickicht eiserner Disteln zog.

Die Ordnung der Gewitter

Die verbissene Ordnung der Gewitter,
eines zieht herauf
von den südlichen Havelseen,
schlagend eine wüste Schneise
durch Dörfer und Wälder,
das andere zögert, am Wind sich stauend,
stürzt jäh mit heftigen Hagelschauern
über die Hügel von Saarmund.
Beide treffen über meinem Dach zusammen.

Die Posaunen verscharrt
in finsteren Wolken,
durch Regenfluten rollt der Donner,
die Ulme,
wassergewaltig,
zittert in schwarzen Lachen des Himmels,
von Blitzen durchquert.

Die verbissene Ordnung des Landes.
Das Aufbegehren und die Macht.
Die Ohnmacht und die Kälte der Blitze.
Nicht reinigt der Regen die Atmosphäre.

Bei Wildenbruch

Eine Distel,
deren Gedächtnis der Wind zerfasert.

Pferde mit blitzenden
Brustblattgeschirren.

Im durchsonnten Wasser
der messerscharfe Schatten der Fische.

Bald frißt der Nebel
aus der Krippe kahler Äste.

Das Geständnis des Jahrs, die Krähen
tragen es in die weiße Finsternis des Himmels.

April 63

Aufblickend vom Hauklotz
im leichten Regen,
das Beil in der Hand,
seh ich dort oben im breiten Geäst
fünf junge Eichelhäher.

Sie jagen lautlos, geben Zeichen
von Ast zu Ast,
sie weisen der Sonne
den Weg durchs Nebelgebüsch.
Und eine feurige Zunge fährt in die Bäume.

Ich bette mich ein
in die eisige Mulde meiner Jahre.
Ich spalte Holz,
das zähe splittrige Holz der Einsamkeit.
Und siedle mich an
im Netz der Spinnen,
die noch die Öde des Schuppens vermehren,
im Kiengeruch
gestapelter Zacken,
das Beil in der Hand.

Aufblickend vom Hauklotz
im warmen Regen des April,
seh ich an blanken
Kastanienästen
die leimigen Hüllen
der Knospen glänzen.

Waschtag

Die Eimer drämmern
aufs Pflaster, ich schütte
die Lauge aus,
das trübe Wasser
vertaner Zeit.
Ich spanne die Leine
von Baum zu Baum.

Ein schwarzer SIS mit weißen Gardinen
rollt suchend die Straße hinab
und hält vor meiner Tür.

Eine Granne,
nicht zugeweht
vom Sommer,
stachelt sich fest
in meiner Kehle.

DIE FÄHIGKEIT
der Dichterspinnen,
aus eigener Substanz
das dünne Seil zu drehen,
auf dem sie dann geschickt
mit zwei Gesichtern
und einer Feder
durch alle Lüfte balancieren.

MEINUNGEN

Die Leute sagen im Ort:
Drei Kieselsteine,
vor eine Straßenwalze
geworfen.

Die Freunde sagen:
Tauwetter kommt
und legen beschneite Mäntel ab.

Einer, für Jahre
eingesessen in Bautzen,
stellt sich ans Fenster und liest.

Bald füllt sich das Zimmer
mit jungen und alten Stimmen,
mit Tabak und Asche,
mit Hoffnung und Zweifel.

Die Katzen,
die hinter der Tür
auf der Treppe dämmern,
sind weise und schweigen.

Pe-Lo-Thien

Laß mich bleiben
im weißen Gehölz,
Verwalter des Windes
und der Wolken. Erhell
die Gedanken einsamer Felsen.

Aus eisigen Wassern
tauchen die Tage auf,
störrisch und blind.
Mit geschundenen Masken
suchen sie frierend
das dünne Reisigfeuer
des Verfemten,
der hinter der Mauer lebt
mit seinen Kranichen und Katzen.

Erscheinung der Nymphe im Ahornschauer

Von welchen Seen
und Schleiern aus Wasser
erhob sich dein Schatten,
von welchen Doggen gerissen,
stürztest du in die kiesige Grube?

Die Augen bedeckt
vom dünnen Messing
gezackter Blätter des Ahorns,
ist dir der Fischer entrückt,
der abends,
die Purpurschnecken im Korb,
zum Rauch seiner Hütte geht.
Es warten
die schwarzen Klippen,
die Süßwasserquellen
im Meer vor Kiveri.

Am Tage meines Fortgehns
entweichen die Dohlen
durchs glitzernde Netz der Mücken.

Am Acker klebt
der Rauch des Güterzuges,
der Himmel regenzwirnig,
dann grau gewalkt,
ein schweres Tuch,
niedergezogen
von der nassen Fahrspur.

Namen,
vernarbt und überwuchert
von neuen Zellen,
wie die verzerrte Schrift
im Baum –
ein eisiger Hauch
fegt über die Tenne der Worte.
Die Mittagsdistel erlosch
im heuigen Licht der Scheune.

Die leichte Dünung
wehender Gräser

verebbt an den Steinen.
Gealtert
geht das Jahr
mit stumpfer Axt, ein Tagelöhner,
auf den Spuren des Dachses
über die Hügel davon.
Die Leere saust
in den lehmigen Löchern
der Uferschwalben.

Hubertusweg

Märzmitternacht, sagte der Gärtner,
wir kamen vom Bahnhof
und sahen das Schlußlicht des späten Zuges
im Nebel erlöschen. Einer ging hinter uns,
wir sprachen vom Wetter.
Der Wind wirft Regen
aufs Eis der Teiche,
langsam dreht sich das Jahr ins Licht.

Und in der Nacht
das Sausen in den Schlüssellöchern.
Die Wut des Halms
zerreißt die Erde.
Und gegen Morgen wühlt
das Licht das Dunkel auf.
Die Kiefern harken Nebel von den Fenstern.

Dort unten steht,
armselig wie abgestandener Tabakrauch,
mein Nachbar, mein Schatten
auf der Spur meiner Füße, verlaß ich das Haus.
Mißmutig gähnend
im stäubenden Regen der kahlen Bäume
bastelt er heute am rostigen Maschendraht.
Was fällt für ihn ab, schreibt er die Fahndung
ins blaue Oktavheft, die Autonummern meiner Freunde,

die leicht verwundbare Straße belauernd,
die Konterbande,
verbotene Bücher,
Brosamen für die Eingeweide,
versteckt im Mantelfutter.
Ein schwaches Feuer nähre mit einem Ast.

Ich bin nicht gekommen,
das Dunkel aufzuwühlen.
Nicht streuen will ich vor die Schwelle
die Asche meiner Verse,
den Eintritt böser Geister zu bannen.

An diesem Morgen
mit nassem Nebel
auf sächsisch-preußischer Montur,
verlöschenden Lampen an der Grenze,
der Staat die Hacke,
das Volk die Distel,
steig ich wie immer
die altersschwache Treppe hinunter.

Vor der Keilschrift von Ras Schamra
seh ich im Zimmer meinen Sohn
den ugaritischen Text entziffern,

die Umklammerung
von Traum und Leben,
den friedlichen Feldzug des Königs Keret.
Am siebenten Tag,
wie IL der Gott verkündet,
kam heiße Luft und trank die Brunnen aus,
die Hunde heulten,
die Esel schrieen laut vor Durst.
Und ohne Sturmbock ergab sich eine Stadt.

Die Begrüssung

Am Zaun des Nachbarn vorbei,
argwöhnisch betrachtend
die Doppelreihe hoher Tulpen,
Meßlatte und Schnur verhalfen,
den richtigen Abstand zu nehmen,
gestutzte Taxushecken stehen wuchtig
im Rasen, grüne Marmorblöcke.

Noch halb im Schatten des Tulpenbeets,
sandig und heimlich angesiedelt
der Wegerich,
er hebt die rauhen Rispen
als Widerpart geharkter Ordnung.

Die Begrüßung ist stumm
und brüderlich. Der Grubber liegt am Weg;
mit Eisenzähnen auszureißen
die Wurzeln erdiger Metaphern.

Unkraut

Auch jetzt, wo der Putz sich beult
und von der Mauer des Hauses blättert,
die Metastasen des Mörtels
in breiten Strängen sichtbar werden,
will ich mit bloßem Finger
nicht schreiben in die porige Wand
die Namen meiner Feinde.

Der rieselnde Schutt ernährt das Unkraut,
Brennesseln, kalkig blaß,
wuchern am rissigen Rand der Terrasse.
Die Kohlenträger, die mich abends
heimlich mit Koks versorgen,
die Körbe schleppen zur Kellerschütte,
sind unachtsam, sie treten
die Nachtkerzen nieder.
Ich richte sie wieder auf.

Willkommen sind Gäste,
die Unkraut lieben,
die nicht scheuen den Steinpfad,
vom Gras überwachsen.
Es kommen keine.

Es kommen Kohlenträger,
sie schütten aus schmutzigen Körben
die schwarze kantige Trauer
der Erde in meinen Keller.

Das Gericht

Nicht dafür geboren,
unter den Fittichen der Gewalt zu leben,
nahm ich die Unschuld des Schuldigen an.

Gerechtfertigt
durch das Recht der Stärke,
saß der Richter an seinem Tisch,
unwirsch blätternd in meinen Akten.

Nicht gewillt,
um Milde zu bitten,
stand ich vor den Schranken,
in der Maske des untergehenden Monds.

Wandanstarrend
sah ich den Reiter, ein dunkler Wind
verband ihm die Augen,
die Sporen der Disteln klirrten.
Er hetzte unter Erlen den Fluß hinauf.

Nicht jeder geht aufrecht
durch die Furt der Zeiten.
Vielen reißt das Wasser
die Steine unter den Füßen fort.

Wandanstarrend,
nicht fähig,
den blutigen Dunst
noch Morgenröte zu nennen,
hörte ich den Richter
das Urteil sprechen,
zerbrochene Sätze aus vergilbten Papieren.
Er schlug den Aktendeckel zu.

Unergründlich,
was sein Gesicht bewegte.
Ich blickte ihn an
und sah seine Ohnmacht.
Die Kälte schnitt in meine Zähne.

Inhalt

Vita

1903	Geboren am 3.4. in Berlin-Lichterfelde. Beamtensohn. Kindheit in der Mark Brandenburg, auf dem Hof des Großvaters in Alt-Langerwisch. Gymnasium in Potsdam. Studium der Literatur und Philosophie in Berlin, Freiburg, Wien.
ab 1925	Gedichtveröffentlichungen u. a. in der *Vossischen Zeitung* und in *Das Kunstblatt* von Paul Westheim.
ab 1927	Ausgedehnte Reisen durch Europa: Frankreich, Balkan, Türkei.
ab 1930	Gedichte und Prosaarbeiten in *Die literarische Welt* von Willy Haas und in *Die Kolonne* von Martin Raschke.
1932	Lyrikpreis der *Kolonne*.
1933-1938	Gelegenheitsarbeiten für den Berliner Rundfunk (Hörspiele).
1934-1935	Gedichte in *Das innere Reich* von Paul Alverdes.
1940	Soldat.
1945	Russische Gefangenschaft.
1945-1948	Zunächst Lektor, dann Chefdramaturg, schließlich Sendeleiter und Künstlerischer Direktor des sowjetisch lizenzierten Berliner Rundfunks.
1948	*Gedichte* (erste Buchpublikation).
1949-1962	Chefredakteur von *Sinn und Form*.
1949	Mitglied des PEN.
1951	Nationalpreis der DDR (III. Klasse).
1952	Ordentliches Mitglied der Deutschen Akademie der Künste, Berlin.
1953	Reise in die Sowjetunion. Erste Kündigung als Chefredakteur von *Sinn und Form*, Intervention Bertolt Brechts.
1955	Theodor-Fontane-Preis (DDR) der Mark Brandenburg.
1957	Ordentliches Mitglied der Freien Akademie der Künste, Hamburg
1958	Mitglied der Société Européenne de Culture, Venedig.
1959	Plakette der Freien Akademie der Künste, Hamburg.

1961	Mitglied der Comes, Rom.
1962	Endgültiger Bruch mit *Sinn und Form.*
1962-1971	Leben in der Isolation in Wilhelmshorst bei Potsdam.
1963	*Chausseen Chausseen. Gedichte.*
	Ehrenmitglied der Freien Akademie der Künste, Hamburg.
	Theodor-Fontane-Preis (Westberliner Kunstpreis für Literatur).
1965	Preis der jungen Generation *(Die Welt),* Hamburg.
1966	Ordentliches Mitglied der Akademie der Künste, West-Berlin.
1967	*Die Sternenreuse. Gedichte 1925-1947.*
1968	Großer Kunstpreis des Landes Nordrhein-Westfalen.
1970	Ordentliches Mitglied der Bayerischen Akademie der Schönen Künste, München.
1971	Übersiedlung nach Rom.
	Johann-Heinrich-Merck-Preis für Literarische Kritik der Deutschen Akademie für Sprache und Dichtung, Darmstadt.
	Ordentliches Mitglied der Deutschen Akademie für Sprache und Dichtung, Darmstadt.
	Ehrengast der Villa Massimo, Rom.
ab 1971	Reisen nach Belgien, England, Holland, Italien, Österreich, in die Schweiz.
1972	Österreichischer Staatspreis für europäische Literatur.
	Übersiedlung in die BRD.
	Gezählte Tage. Gedichte.
	Arbeitsstipendium des Berliner Kunstpreises für Literatur.
1981	Gestorben am 30. 4. in Staufen/Brsg.

Von Peter Huchel
erschienen im Suhrkamp Verlag

Gezählte Tage. Gedichte. 1972. 100 Seiten. Leinen

Gedichte. Ausgewählt von Peter Wapnewski. 1973. 144 Seiten. *Bibliothek Suhrkamp* Band 345

Die neunte Stunde. Gedichte. 1977. 72 Seiten. Leinen

Verzeichnis
der suhrkamp taschenbücher
Eine Auswahl

2/1/6.84

2/2/6.84

2/3/6.84

2/4/6.84

2/5/6.84

2/6/6.84